감수 · 이종호 (한국과학저술인협회 회장)

고려대학교 건축공학과를 졸업하고, 프랑스 페르피냥대학교에서 열역학, 유체이동 연구로 과학국가박사 학위를 취득했습니다.
1982년 해외 유치 과학자로 국내에 들어와 한국과학기술연구소, 한국에너지기술연구소 등에서 활동했으며, 현재는
각종 과학강좌와 저술 활동을 활발히 벌이고 있습니다. 1973년 국전에서 대통령상을 수상하는 등 건축 분야에서 많은 수상 경력이
있고, 유학 시절 프랑스 최고 권위의 우수 논문상을 받기도 했으며, 과학기술진흥확대회의에서 국민훈장 석류장을 수상했습니다.
저서로 《현대과학으로 다시 보는 세계의 불가사의 1, 2》 《한국 7대 불가사의》 《세계 최고의 우리 문화 유산》 등이 있습니다.

지음 · 정재은

출판 편집과 방송 작가 등 여러 직업을 통해 얻은 경험을 바탕으로 어린이 작가로 활동 중입니다. 그동안 지은 책으로는
《우리 아이 궁금증을 풀어 주는 신비한 인체백과》 《우리 아이 과학 영재로 키우는 호기심백과》, 〈스토리텔링 수학〉 시리즈의
《게임 수학》 《불가사의 수학》 《스파이 수학》 《바이킹 수학》 《로봇 수학》 《드론 수학》 등이 있습니다.

그림 · 신혜영

2001년 '대원수퍼만화대상' 공모전에서 '이슈' 부문 가작으로 당선해 만화계에 들어섰습니다.
그 후 '이슈'에서 작품 활동을 하였으며, 펴낸 책으로는 《학교짱이 될 거야》 《뱀파이어의 미스터리 실험 과학》, 〈퀴즈! 과학상식〉
시리즈의 《공포 퍼즐 수학》 《황당 요리 수학》 《공포 미로 수학》 《SOS 쓰레기 과학》 《황당 직업》 《황당 불량 과학》
《드론 과학》 등이 있습니다.

2017년 3월 10일 초판 1쇄 펴냄
2023년 2월 20일 초판 5쇄 펴냄

지음 · 정재은 **그림** · 신혜영 **감수** · 이종호(한국과학저술인협회 회장)
사진 제공 · 게티이미지뱅크, NASA, 전쟁기념관, 서울역사박물관, 한국과학기술연구원 오준호 교수, 남양주시 다산유적지

펴낸이 · 이성호 **펴낸곳** · (주)글송이
편집/디자인 · 임주용, 최영미, 한나래, 권빈 **마케팅** · 이성갑, 윤정명, 이현정, 문현곤, 이동준
경영지원 · 최진수, 이인석, 진승현

출판 등록 · 2012년 8월 8일 제2012-000169호 **주소** · 서울시 서초구 능안말1길 1 (내곡동)
전화 · 578-1560~1 **팩스** · 578-1562 **이메일** · gsibook01@naver.com

ⓒ글송이, 2017

ISBN 979-11-7018-344-0 74400
　　　979-11-7018-343-3 (세트)

*이 도서의 국립중앙도서관 출판시도서목록(CIP)은 서지정보유통지원시스템 홈페이지(http://seoji.nl.go.kr)와
　국가자료공동목록시스템(http://www.nl.go.kr/kolisnet)에서 이용하실 수 있습니다. (CIP제어번호: CIP2017001249)

*이 책은 저작권법에 따라 보호받는 저작물입니다. 무단 전재와 무단 복제를 금지하며, 이 책의 내용이나 사진의 전부 또는
　일부를 이용하려면 반드시 (주)글송이와 사진 저작권자의 서면 동의를 받아야 합니다.

*이 책에 나오는 국가 자료와 주요 명칭은 《2017 세계국가편람》과 《표준국어대사전》을 기준으로 정리했습니다.

7~10세

우리 아이 궁금증을 풀어 주는

놀라운 세계 최고·최초 백과

정재은 지음, 신혜영 그림
이종호(한국과학저술인협회 회장) 감수

글송이

감수의 글

세계 최고의 기록을 모아 해마다 펴내는 책이 있어요.
바로 《기네스북》이란 책이에요. 1951년부터 발행되고 있는
이 책에는 다양한 분야의 신기록들이 계속 추가되고 있어요.
유익하지만 어린이들이 읽기에는 어려울 수 있지요.
《우리 아이 궁금증을 풀어 주는 놀라운 세계 최고·최초백과》는
어린이들이 알아 두면 좋은 세계 최고와 세계 최초, 최고의 동식물,
우리나라의 최고·최초를 쉽고 재미있게 소개해 줘요.
이 책을 감수할 때, 그동안 과학자로서 연구한 내용들과
과학 도서들을 쓰면서 준비한 자료들을 총동원했어요.
어린이 여러분이 이 책을 통해 최고·최초에 대한 궁금증을 해결하고
다양한 분야의 호기심도 키워 나갔으면 좋겠어요.
우리가 살고 있는 지구와 미지의 세계 우주에는 아직 밝혀지지 않은
신비로운 것이 많아요. 이런 것들은 모두 여러분이 열심히 연구해서
찾을 수 있고 만들 수도 있어요. 여러분이 직접 이 책에 수록될 기록들을
찾고 만드는 데 도전해 보세요.

한국과학저술인협회 회장 이종호

머리말

'세상에서 가장 빠른 동물은?'
'세계 최초로 달에 간 사람은?'
'우리나라에서 가장 높은 산은?'
어린이들은 최고·최초에 대한 호기심이 많아요.
특히 최고로 큰 것, 최고로 빠른 것, 최고로 센 것, 가장 처음 만들어진 것을
궁금해하고 재미있어 하지요.
어린이들의 이런 궁금증을 해결해 주기 위해 이 책을 준비했어요.
《우리 아이 궁금증을 풀어 주는 놀라운 세계 최고·최초백과》에는
세계에서 가장 먼저 만들어진 것, 세계 최고의 신비로운 자연,
최고의 능력을 가진 동물, 우리나라의 최고·최초가 담겨 있어요.
이 책의 책장을 한 장 한 장 넘기다 보면 최고·최초에 대한 궁금증도 풀리고
과학, 역사, 지리 등 다양한 분야의 지식을 쌓을 수 있어요.
친구들과 함께 최고·최초와 관련된 문제를 내고 정답을 맞히는
퀴즈 게임을 하며 즐겁고 유익한 시간을 가져 보세요.

지은이 정재은

차례

1 놀라운 세계 최고·최초

세계에서 가장 큰 나라는? · 14

세계에서 가장 긴 건축물은? · 16

세계 최초로 영화를 만든 사람은? · 18

세계 최초의 잠수함은? · 20

세계에서 인구가 가장 많은 나라는? · 22

맨 처음 우주로 간 동물은? · 24

세계에서 가장 오래된 얼음 미라는? · 26

세계에서 섬이 가장 많은 나라는? · 28

세계 최초의 국립 공원은? · 30

맨 처음 달에 간 사람은? · 32

세계에서 가장 높은 곳에 있는 도시는? · 34

맨 처음 열기구 세계 일주를 한 사람은? · 36

세계 최초의 자동차는? · 38

세계에서 가장 긴 나라는? · 40

세계 최초의 지하철은? · 42

지구에서 가장 멀리 간 우주선은? · 44

우리나라에서 가장 반대편에 있는 나라는? · 46

세계에서 가장 높은 건물은? · 48

지진이 가장 자주 일어나는 곳은? · 50

세상에서 가장 빠른 비행기는? · 52

세상에서 가장 큰 배는? · 54

세계에서 가장 높은 다리는? · 56

세상에서 가장 빠른 배는? · 58

세상에서 가장 긴 자동차는? · 60

석유가 가장 많이 묻힌 나라는? · 62

세계에서 가장 긴 터널은? · 64

지구에서 가장 단단한 것은? · 66

세상에서 가장 긴 케이블카는? · 68

지구에서 가장 가벼운 고체는? · 70

지구에서 가장 높은 곳에 있는 천문대는? · 72

사람을 가장 많이 닮은 로봇은? · 74

땅이 바닷물에 가장 많이 잠긴 나라는? · 76

② 신비한 세계 최고 자연

우주에서 일어난 가장 거대한 폭발은? · 80

지구에서 가장 큰 운석공은? · 82

지구에서 일어난 가장 큰 화산 폭발은? · 84

세계에서 가장 넓은 사막은? · 86

지구에서 가장 추운 곳은? · 88

세계에서 가장 높은 산은? · 90

세계에서 가장 깊은 바다는? · 92

세계에서 가장 넓은 바다는? · 94

세계에서 가장 긴 폭포는? · 96

세계에서 가장 큰 섬은? · 98

세계에서 가장 큰 석회암 동굴은? · 100

세계에서 가장 큰 강은? · 102

지구의 가장 안쪽에 있는 것은? · 104

지구에서 가장 가까운 별은? · 106

지구에서 가장 가까운 행성은? · 108

3 신기한 세계 최고 동·식물

지구에 가장 많이 사는 동물은? · 112

세상에서 가장 큰 동물은? · 114

육지에서 가장 빨리 달리는 동물은? · 116

세상에서 가장 큰 바퀴벌레는? · 118

세상에서 가장 큰 거미는? · 120

세상에서 가장 높이 뛰는 곤충은? · 122

세상에서 가장 큰 꽃은? · 124

세상에서 가장 작은 원숭이는? · 126

세상에서 가장 키가 큰 나무는? · 128

세상에서 가장 잠을 많이 자는 동물은? · 130

세상에서 가장 임신 기간이 긴 동물은? · 132

세상에서 가장 큰 새는? · 134

세상에서 가장 혀가 긴 동물은? · 136

세상에서 가장 오래 사는 동물은? · 138

세상에서 가장 작은 공룡은? · 140

세상에서 가장 큰 나비는? · 142

세상에서 가장 다리가 많은 동물은? · 144

사람에게 가장 피해를 많이 준 곤충은? · 146

세상에서 가장 긴 뱀은? · 148

4 궁금한 우리나라 최고·최초

우리나라 최초의 화약 무기는? · 152

우리나라 최초로 전깃불이 켜진 곳은? · 154

우리나라 최초의 세계 지도는? · 156

우리나라 최초의 크레인은? · 158

우리나라에서 가장 높은 산은? · 160

우리나라에서 가장 큰 섬은? · 162

우리나라에서 가장 큰 강은? · 164

우리나라가 처음 참가한 올림픽은? · 166

우리나라 최초의 극장용 만화 영화는? · 168

우리나라 최초의 자동차는? · 170

우리나라 최초의 라면은? · 172

우리나라 최초의 인공위성은? · 174

세계에서 가장 큰 나라는?

세계에는 200여 개가 넘는 많은 나라가 있어요. 그중 가장 큰 나라는 러시아예요. 대한민국보다 171배나 더 크지요. 두 번째로 큰 나라는 캐나다, 그다음으로는 미국, 중국, 브라질 순서랍니다. 대한민국의 크기는 세계에서 109번째예요. 큰 편은 아니지요? 하지만 대한민국보다 훨씬 작은 나라들도 많아요.
세계에서 가장 작은 나라는 이탈리아의 로마 시에 있는 바티칸이에요. 바티칸은 넓이가 독도의 2.5배 정도 되는 아주 작은 나라지만 공식 화폐와 우표, 방송국 등이 모두 있답니다. 바티칸의 인구는 약 1,000명이에요.

◀가장 작은 나라
바티칸

세계에서 가장 긴 건축물은?

중국의 만리장성은 달에서도 보일 정도로 어마어마하게 길다고 전해져요. 쭉 연결된 성의 길이만 2,700킬로미터, 중간에 갈라져 나온 성들까지 합하면 6,000킬로미터가 훨씬 넘지요. 외적(외국으로부터 쳐들어오는 적)의 침입을 막기 위해 쌓기 시작했던 성들을 진시황제 때 연결하고 고치면서 점점 더 길어졌어요.

▲ 만리장성

만리장성은 정말 달에서도 보일까요?
실제로 우주에서 지구를 바라본 우주 비행사는
"맨눈으로는 지구의 어떤 건축물도 볼 수 없다."라고
말했어요.
우주에서 본 지구는, 구름이 덮인 부분은 하얗고,
바다 부분은 푸르고, 군데군데 사막은 노랗고
울창한 숲은 초록으로 보인답니다.

1 놀라운 세계 최고·최초

세계 최초로 영화를 만든 사람은?

1895년 뤼미에르 형제는 세계 최초로 영화를 만들었어요. 〈리옹의 뤼미에르 공장을 나서는 노동자들〉, 〈열차의 도착〉, 〈정원사와 어린 장난꾸러기〉 등 세 편이었지요. 사람들은 1분도 안 되는 이 짧은 영화들을 보고 큰 충격을 받았어요. 화면 속에서 열차가 움직이고, 사람들이 살아 있는 것처럼 걸어 다녔으니까요. 뤼미에르 형제는 시네마토그래프라는 영화 만드는 기계를 만들어 영화를 만들었어요.

▲ 뤼미에르 형제

1 놀라운 세계 최고·최초

세계 최초의 잠수함은?

바다 위를 둥둥 떠다니는 배에 몰래 다가가려면 어떻게 해야 할까요? 바닷속으로 잠수하면 돼요. 배 위에서는 바닷속 움직임이 잘 보이지 않으니까요. 최초의 잠수함도 이런 생각으로 만들어지게 되었어요. 1775년, 영국의 지배를 받던 미국은 독립을 위해 전쟁을 일으켰어요. 당시 미국의 사령관(군사 최고 지휘관) 조지 워싱턴은 물속에서 폭약을 몰래 옮길 방법을 찾고 있었어요. 그러던 중 1776년, 데이비드 부슈널이 거북의 등 껍데기 두 개를 맞붙인 것 같은 모양으로 최초의 잠수함을 만들었지요. 그리고 이 잠수함에 터틀(거북)이라는 이름을 붙였어요.

▼한 명만 탈 수 있는 잠수함
터틀

히히, 바다 생물이 아니라 잠수함이야!

1 놀라운 세계 최고·최초

세계에서 인구가 가장 많은 나라는?

세계에서 가장 많이 쓰이는 언어는 중국어예요.
중국인이 세계에서 가장 많기 때문이에요.
2016년 조사에 따르면, 중국의 인구는
13억 7,000만 명이 넘는다고 해요.
전 세계 인구가 약 75억 명이니까, 중국의 인구는
세계 인구의 5분의 1 정도를 차지하고 있어요.
5명 중의 1명이 중국인인 거지요.
인구가 많은 중국은 땅도 무척 넓어요.
러시아, 캐나다, 미국에 이어 4번째로 땅이 넓지요.

대한민국의 인구 수는 세계 몇 위일까?

인도는 세계에서 두 번째로 인구가 많은 나라야.

넓은 중국 땅에는 황량한 사막과 기름진 평원,
높은 산이 있는 고원 등 다양한 지형이 있어요.
중국은 한족을 포함한 56개 민족이 함께 살고 있는
다민족 국가랍니다.

세계에서 두 번째로 인구가 많은 나라 인도에는
약 12억 7,000만 명이 살고 있어요.
대한민국의 인구는 약 5,080만 명으로,
세계 28위예요.

1 놀라운 세계 최고·최초

맨 처음 우주로 간 동물은?

우주로 떠난 최초의 동물은 라이카라는 이름의 개예요. 라이카는 소련(지금의 러시아)의 떠돌이 개였는데, 러시아 과학자의 눈에 띄어 훈련을 받게 되었지요. 라이카는 함께 훈련받던 다른 개들보다 똑똑하고 참을성이 많아 첫 번째 우주 동물이 되었어요.

저 우주선에 동물이 타고 있다고?

1957년, 소련의 우주선 스푸트니크 2호를 타고
우주로 떠난 라이카는 지구로 돌아오지 못했어요.
그때의 기술로는 한번 지구를 떠난 우주선을
돌아오게 할 수 없었거든요.
라이카는 우주로 출발한 지 5~7시간 만에
엄청난 고통을 받아 죽고 말았어요.

3년 뒤, 소련에서는 또다시 스푸트니크 5호에
스트렐카와 벨카라는 개 두 마리를 태웠어요.
우주복을 입고 좁은 우주 캡슐에 탄
스트렐카와 벨카는 지구를 17바퀴 돌고
무사히 돌아왔답니다.

세계에서 가장 오래된 얼음 미라는?

1991년, 알프스의 얼음 땅에서 약 5,300년 된 미라가 발견되었어요. 놀랍게도 이 미라는 피부와 머리카락이 그대로인 채 말라 있었어요. 알프스의 차가운 얼음 덕분에 시신이 썩지 않고 미라가 된 거예요. 사람들은 이 미라를 얼음 인간 외치라고 불러요. 외치처럼 너무 춥거나 건조한 곳에 시신이 묻혀 자연적으로 만들어진 미라를 천연 미라라고 해요. 칠레의 건조한 사막에서 약 7,000년 된 미라가 발견되기도 했지요.
옛날에는 일부러 미라를 만들기도 했어요. 죽은 사람을 살아 있을 때의 모습 그대로 미라로 만드는 거예요.

1 놀라운 세계 최고·최초

말레이시아

인도네시아

우와! 섬이 모두 몇 개야?

세계에서 섬이 가장 많은 나라는?

바다로 둘러싸여 있는 땅을 섬이라고 해요. 우리나라에는 강화도, 제주도, 울릉도 등 3,000여 개의 섬이 있어요. 삼면이 바다로 둘러싸여 있어서 섬이 많지요. 하지만 세계에서 가장 섬이 많은 나라는 인도네시아예요.

인도네시아는 17,000여 개의 섬으로 이루어졌어요. 그중 7,000여 개의 섬은 이름이 있고 사람이 살지만, 나머지 10,000여 개의 섬은 이름도 없고 사람도 살지 않는 무인도예요. 인도네시아의 섬에는 화산이 매우 많아요. 지금도 화산 활동을 하고 있는 산이 400여 개나 되지요.
필리핀도 섬이 많은 나라예요. 7,000여 개의 섬으로 이루어졌는데, 그중 880여 개의 섬에만 사람이 살고 있어요.

1 놀라운 세계 최고·최초

세계 최초의 국립 공원은?

자연의 신비를 간직하고 있는 곳은 망가지지 않게 잘 보존해야 해요. 그래서 세계 여러 나라에서는 아름다운 자연을 국립 공원으로 지정해 관리하고 있어요.

▼온천수가 나오는
옐로스톤 국립 공원

엄청 뜨거운 온천수야!

세계 최초의 국립 공원은 미국에 있는 옐로스톤 국립 공원이에요. 옐로스톤이 국립 공원으로 지정되기 전에 그곳을 탐험한 사람들은 옐로스톤의 아름다운 모습을 자손들까지 모두 누리기를 바랐어요. 그래서 옐로스톤의 사진을 미국 의원들에게 보여 주며 설득했지요.
"아름다운 옐로스톤을 나라에서 관리하면 어떨까요?"
이렇게 해서 엘로스톤은 1871년에 세계 최초의 국립 공원으로 지정되었어요.
아프리카 탄자니아에는 '야생 동물의 천국'이라 불리는 세렝게티 국립 공원이 있어요. 이 국립 공원은 세계에서 가장 넓은 초원이 있는 것으로도 유명해요.

▲가장 넓은 초원이 있는 **세렝게티 국립 공원**

맨 처음 달에 간 사람은?

'달에는 누가 살고 있을까?'
옛날 사람들은 밤하늘을 보며 궁금해 했어요.
1969년 드디어 달의 비밀이 풀렸어요. 미국의 우주선 아폴로 11호가 닐 암스트롱, 버즈 올드린, 마이클 콜린스 등 세 사람을 태우고 달에 날아갔거든요.

최초로 달에 내린 **닐 암스트롱**은 눈을 크게 뜨고 살펴보았지만, 달에는 어떤 생명체도 살지 않았어요. 생명체가 살아가는 데 꼭 필요한 물과 공기가 없기 때문이에요. 달은 지구보다 중력도 약했어요. 몸이 자꾸 둥둥 떠서 똑바로 서 있지도 못했지요. 닐 암스트롱은 폴짝폴짝 뛰어다니며 깃발을 꽂고 달을 탐사하며 돌을 주워 왔어요.

▲ 닐 암스트롱의 발자국
ⓒNASA

세계에서 가장 높은 곳에 있는 도시는?

옛날부터 사람이 많이 모여 사는 곳은 따로 있었어요.
바닷가나 큰 강가, 교통이 좋은 곳, 먹을 것이
풍부한 곳이었지요.
높은 산 위에는 사람들이 잘 살지 않았어요.
오르기도 불편하고, 물과 먹을 것도 부족하니까요.
게다가 너무 높은 산꼭대기는 산소가 부족하고
기압이 낮아서 고산병에 걸리기 쉬워요.

▼산 위에 있는 도시 포토시

그런데 남아메리카에는 높은 산 위에 도시가 많아요. 산 위가 서늘해서 아래 지역보다 살기 좋거든요. 그중에서도 가장 높은 곳에 있는 도시는 볼리비아의 포토시예요. 약 4,000미터의 높이에 있는 포토시는 한때 남아메리카에서 가장 인구가 많을 정도로 번성한 도시였어요. 만약 우리가 포토시에 가면 고산병에 걸려 고생할 거예요. 하지만 포토시 사람들은 오랫동안 높은 곳에 살면서 잘 적응했기 때문에 괜찮답니다.

1
놀라운 세계 최고·최초

ITLING
BITER 3

오! 브레이틀링 오비터 3호다!

안녕~! 난 지금 세계 일주 중이란다.

맨 처음 열기구 세계 일주를 한 사람은?

커다란 풍선에 바구니를 매달고 둥둥 떠가는 기구!
기구는 1783년에 처음 발명되었어요.
열기구 세계 일주는 그로부터 200여 년이 더 지난
1999년에 성공했지요. 베르트랑 피카르와
브라이언 존스가 함께 19일 21시간 47분 동안
단 한 번도 땅에 내리지 않고 둥둥 떠서
세계 일주를 한 거예요.

기구에는 세 가지 종류가 있어요. 풍선에 공기보다
가벼운 헬륨 가스를 넣어 띄우는 가스 기구,
풍선 아래에서 불꽃을 쏘아 풍선 속 공기를 뜨겁게
데워 띄우는 열기구, 이 두 가지 방법을 합한
복합형 기구가 있지요. 피카르와 존스가 타고
세계 일주에 성공한 열기구는 복합형 열기구였어요.

1 세계 최초의 자동차는?

자동으로 움직이는 차를 처음 생각한 사람은 500년 전에 살았던 레오나르도 다빈치예요. 다빈치는 태엽을 돌돌 감았다가 놓으면 자동으로 풀리는 힘을 이용해 움직이는 자동차의 설계도를 그렸지요.
그로부터 약 200년 뒤인 1770년, 니콜라스 조셉 퀴뇨가 증기 기관으로 움직이는 자동차를 만들었어요.
이 자동차는 증기 기관이 너무 크고 무거워서 방향을 바꾸기가 어렵고, 브레이크도 없었어요.
결국 시험 운전 때 교통사고를 일으켜 실패하고 말았지요.

1886년, 드디어 독일 기술자 카를 벤츠가 가솔린 엔진으로 움직이는 세계 최초의 자동차, 페이턴트 모터바겐을 만들었어요.

최초의 자동차 페이턴트 모터바겐은 엔진의 힘이 약해서 최고로 빨리 달려도 사람이 뛰는 것보다 느렸어요. 하지만 현재 우리가 타는 자동차의 기본 원리가 그대로 담겨 있어서 역사적으로 중요한 자동차랍니다.

▲3개의 바퀴가 달린
페이턴트 모터바겐

1 놀라운 세계 최고·최초

세계에서 가장 긴 나라는?

칠레는 세계에서 가장 가늘고 긴 나라예요.
가로 폭은 매우 좁은데, 세로 길이는 남아메리카 대륙의
절반이나 된답니다. 땅이 세로로 엄청나게 길다 보니
맨 위쪽 지역과 중간 지역, 맨 아래 지역의 생김새와
기후가 달라요.
칠레의 북쪽 지역에는 아주 건조한 사막이 있어요.
중간 지역은 날씨가 따뜻하고 비가 적당히 와서
땅이 기름지고 살기에 좋아요. 남쪽 지역은 지구에서
남극과 가장 가까운 땅이에요. 매우 춥지만 남극으로
가려는 배와 사람들로 북적대지요. 남극에 많이 사는
마젤란 펭귄도 이곳에서 볼 수 있어요.

◀칠레 이스터 섬에 있는
모아이 석상

1 놀라운 세계 최고·최초

세계 최초의 지하철은?

서울, 파리, 뉴욕, 런던 등 대도시의 도로는
매우 복잡해요. 자동차가 너무 많아서 늘 차가 막히지요.
그럴 때는 지하철을 타면 돼요. 땅속의 지하철이
요리조리 온 도시를 연결하고 있으니까요.
세계 최초의 지하철은 영국의 런던 지하철이에요.
런던의 변호사 찰스 피어슨이 두더지 굴을 보고
지하철을 생각해 냈지요.
"도시 아래에 두더지 굴처럼 기차를 다니게 합시다!"
피어슨의 주장에 런던 시민들은 코웃음을 쳤어요.
하지만 피어슨은 포기하지 않고 사람들을 설득했고,
1863년 마침내 튜브라고 불리는 세계 최초의
런던 지하철이 만들어졌어요.

1 놀라운 세계 최고·최초

지구에서 가장 멀리 간 우주선은?

보이저 1호는 1977년 9월 5일에 지구를 떠나
현재까지도 우주를 탐사하고 있어요.
1979년 목성을 지나고 1980년 토성을 지나며
많은 사진과 자료를 지구에 보냈어요.
그리고 계속해서 더 먼 우주로 날아갔지요.

▶ 보이저 1호

아직 태양계라고! 3만 년 정도 기다려라, 오버!

보이저 1호는 현재 태양계의 마지막 행성인 해왕성보다 더 멀리 날아갔어요. 지구에서 보낸 우주선 중 가장 멀리 날아간 거예요. 하지만 보이저 1호는 아직 태양계를 완전히 벗어나지는 못했어요. 태양계의 맨 끝부분에 있는 오르트 구름에 닿으려면 앞으로 300년이 걸리고, 오르트 구름을 벗어나 더 먼 우주로 나가려면 3만 년이 더 걸리지요. 우주는 정말 상상할 수 없을 만큼 넓지요?

1 놀라운 세계 최고·최초

우리나라에서 가장 반대편에 있는 나라는?

우리나라에서 땅을 뚫고 들어가 지구를 통과해 반대편으로 나오면 어느 나라일까요? 그러나 진짜로 지구를 통과할 수는 없어요. 대신 지구본에서 우리나라 반대편에 있는 나라를 찾아보아요. 지구본을 살펴보면 우리나라에서 가장 반대편에 있는 나라는 아르헨티나와 우루과이라는 걸 알 수 있어요.

남아메리카에 있는 아르헨티나와 우루과이는
아시아에 있는 우리나라와 계절도 정반대,
시간도 정반대예요. 우리나라가 겨울일 때 여름이고,
우리나라가 아침일 때 저녁이지요.
시간 차이도 크게 나요. 우리나라와 아르헨티나는
12시간 차이가 나고, 우리나라와 우루과이는
11시간 차이가 난답니다.

1 세계에서 가장 높은 건물은?

놀라운 세계 최고·최초

▲ 부르즈 할리파

높은 곳으로 올라갈수록 바람이 더 시원할까요? 궁금하면 세계에서 가장 높은 건물에 올라가 보세요. 세계에서 가장 높은 건물은 아랍에미리트의 두바이에 있는 부르즈 할리파예요. 부르즈 할리파는 163층 건물로 높이가 829.84미터나 돼요. 이 건물 꼭대기에 올라가 아래를 내려다보면, 정말 아찔하겠지요!

난징 그린랜드 금융센터 450 m

ICC타워 484 m

타이베이 금융센터 509.2 m

CTF금융센터 530 m

페트로나스 트윈타워 452 m

상하이 세계금융센터 492 m

이렇게 높은 건물을 어떻게 똑바로 세웠을까요?
부르즈 할리파를 건설할 때, 인공위성에서
한 시간에 한 번씩 건물의 기울기를 쟀어요.
이렇게 해서 조금도 기울어지지 않는
건물을 지었답니다.

세계의 높은 건물이 다 모였네!

부르즈 할리파
829.84 m

세계무역센터
541.3 m

알베이트타워
601 m

상하이타워
632 m

1 지진이 가장 자주 일어나는 곳은?

놀라운 세계 최고·최초

지진은 우리가 서 있는 땅이 조금씩 움직이면서 일어나는 거예요. 지구에는 '판'이라는 몇 개의 커다란 땅덩어리가 있어요. 이 땅덩어리들이 움직이며 다른 땅을 밀어 올리거나 잡아당기면 지진이 생겨요.

그런데 이 판들이 만나는 자리를 이어 보면 태평양을 둘러싼 고리 모양이 그려져요. 이 고리를 환태평양 불의 고리라고 불러요.

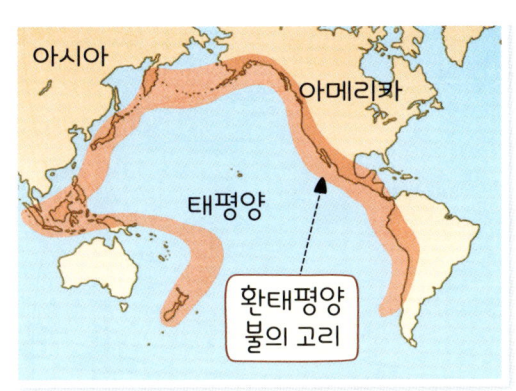

매년 일어나는 지진의 70퍼센트 이상이 바로 환태평양 불의 고리에서 일어나요. 환태평양 불의 고리에 있는 지역은 일본, 대만, 인도네시아, 파키스탄, 러시아의 캄차카, 미국의 알래스카, 멕시코, 뉴질랜드 등이지요.

으아아! 땅이 갈라지고 있어!

1 놀라운 세계 최고·최초

세상에서 가장 빠른 비행기는?

사람이 탈 수 있는 비행기 중 가장 빠른 것은 미국의 제트기(제트 엔진을 사용하는 비행기) SR-71이에요. SR-71은 겉을 까맣게 칠해서 블랙버드라는 별명으로 불려요. 승객을 태워 나르는 여객기는 미국 뉴욕에서 프랑스 파리까지 가는 데 7시간 가까이 걸리지만 블랙버드는 2시간 만에 도착할 수 있어요.

▶ 미국에서 만든 제트기 SR-71

여객기 중에서는 영국과 프랑스가 함께 만든
콩코드가 가장 빨라요. 콩코드는 뉴욕에서 파리까지
3시간이면 도착할 수 있지요. 1976년부터 2003년까지
하늘을 누볐지만 연료가 너무 많이 들고 무척
시끄러워서 지금은 운항하지 않아요.
세계 여러 나라에서는 더 빠른 비행기를 연구하고
있어요. 현재 실험 중인 미국의 제트기는
너무 빨라서 특수 조종복을 입고 타야 하지요.

세상에서 가장 큰 배는?

지금까지 만들어진 배 가운데 가장 큰 것은 일본에서 만든 유조선 녹 네비스예요. 유조선은 기름을 싣고 다니는 배예요. 녹 네비스는 에펠 탑(약 300미터)보다 몸체가 훨씬 길어요. 길이가 약 458미터나 되지요. 무게는 또 얼마나 무겁다고요. 처음 만들었을 때는 56만 톤이 넘었어요. 그때는 '자르 바이킹'이라고 불렸지요. 지금은 무게를 42만 톤 정도로 줄인 채 항해하고 있어요.

엄청 크구만!

여행하는 사람들을 태우는 유람선 중에는
'오아시스 오브 더 시즈'가 가장 커요.
길이가 약 360미터이고 무게가 약 22만 톤인 이 배는
9,000여 명이 넘는 사람을 태울 수 있어요.
이렇게 크고 무거운 배들이 어떻게 물에 뜰 수 있을까요?
배의 바닥이 넓고 둥그렇기 때문이에요.
배의 바닥이 넓으면 물이 밀어 올리는 힘이 세져서
무게를 잘 버틸 수 있지요.

▼바다를 항해하고 있는
녹 네비스

총 길이가 약 458미터나 된대. 어마어마하지?

1 놀라운 세계 최고·최초

세계에서 가장 높은 다리는?

2016년 12월, 세계에서 가장 높은 다리가
중국 남서부에 건설되었어요. 이 다리의 이름은
베이판장 대교이고 약 565미터 높이에 있어요.
그 높이가 200층 건물의 높이와 비슷하다고 하니
상상만 해도 정말 아찔하지요?
베이판장 대교는 다리 기둥과 기둥 사이의 거리가
약 720미터, 다리의 총 길이는 약 1,341미터로
높고 긴 다리예요.

▼베이판장 대교

베이판장 대교의 건설로 다리 양쪽에 있는 지역을 오가는 데 걸리는 시간이 5시간에서 1시간으로 훌쩍 줄었다고 해요.

중국에는 세계에서 가장 긴 유리 다리도 있어요. 유명한 관광지 장가계에 있는 유리 다리는 430미터의 길이에 바닥이 유리로 되어 있어요. 300미터 높이에 위치한 이 다리에 가면 절벽 아래를 내려다보며 걷는 아찔한 체험을 할 수 있답니다.

1 세상에서 가장 빠른 배는?

놀라운 세계 최고·최초

탈 것들 중에서 가장 빠른 것은 비행기예요.
그런데 비행기만큼 빠른 배도 있어요. 세상에서
가장 빠른 배, 위그선이에요. 위그선은 최고로
빨리 달리면 자동차보다 5배나 빠르고 여객기와
비슷한 속도를 낼 수도 있어요. 인천에서 제주도까지
단 2시간 만에 갈 수 있지요.

엥~?
비행기야, 배야?
정체를 밝혀라!

위그선은 보통 배와는 조금 달라요.
보통 배는 몸체의 아랫부분이 바다에 잠기고
윗부분만 물에 둥둥 떠서 물살을 헤치며 나아가요.
위그선은 비행기처럼 날개가 있고
수면에서 2~3미터 뜬 상태로 날아가지요.
꼭 비행기와 배가 합쳐진 것처럼 보여요.
그래서 위그선을 비행기라고 주장하는 사람들도
있었지만 지금은 모두 배로 인정하고 있어요.

▼비행기처럼 생긴 배 **위그선**

1 놀라운 세계 최고·최초

세상에서 가장 긴 자동차는?

리무진은 운전석과 뒷좌석 사이를 유리 칸막이로 나눈 고급 승용차예요. 보통 승용차보다 좌석도 많고 화려하고 고급스럽답니다.
미국의 제이 올버그는 이 리무진을 개조하여 30.5미터나 되는 긴 자동차를 만들었어요.

▲일반 **리무진**

▲제이 올버그가 개조한
　리무진

제이 올버그가 개조한 리무진의 길이는
10층짜리 건물 높이와 비슷해요.
바퀴가 24개나 달려 있고, 몸통 중간 부분을 구부려
차 모양에 변화를 줄 수도 있지요. 하지만 너무 길어서
빨리 달릴 수는 없어요. 주로 영화에 등장하거나
행사 전시용으로 사용되고 있답니다.

1 놀라운 세계 최고·최초

석유가 가장 많이 묻힌 나라는?

자동차를 움직이고, 전기를 만들고, 플라스틱도 만드는 데 필요한 것은? 바로 석유예요. 석유를 이용하여 페인트, 장난감, 화장품 등 우리가 사용하는 많은 물건을 만들어요.

석유 시추 장비
땅속 깊숙이 구멍을 뚫어 석유 같은 지하 자원을 탐사하는 특수 장비

석유는 끈적끈적하고 냄새가 고약한 검은 액체예요.
이것을 쓰기 편하도록 휘발유, 경유, 중유, 등유 등의
석유 제품으로 만들어요.

세계에서 석유가 가장 많이 묻힌 나라는
베네수엘라예요. 그다음이 사우디아라비아지요.
사우디아라비아가 있는 중동 지역에는
전 세계 석유의 약 절반 정도가 묻혀 있어요.
하지만 석유를 가장 많이 생산하는 나라는
미국이고, 그다음이 사우디아라비아랍니다.

1 놀라운 세계 최고·최초

세계에서 가장 긴 터널은?

세계에서 가장 긴 터널은 스위스에 있는
고트하르트 베이스 터널이에요.
알프스 산맥 정상에서 지하로 약 2,500미터를 파서
만든 이 터널의 길이는 57.5킬로미터예요.
17년 동안 2,600여 명이 공사에 참여해 완성했지요.
터널을 만들기 위해 깎아 낸 바위의 무게만 해도
2,800만 톤에 달한다고 해요. 고트하르트 베이스
터널을 시속 250킬로미터로 달리는 기차를 타면
스위스 취리히에서 이탈리아 밀라노까지
1시간 30분 만에 갈 수 있어요.

우와~, 끝도 없이 길다 길어!

1 지구에서 가장 단단한 것은?

놀라운 세계 최고·최초

다이아몬드는 매우 인기 있는 보석이에요. 아름다울 뿐만 아니라 매우 단단하지요. 그래서 많은 사람이 세상에서 가장 단단한 것을 다이아몬드로 알고 있어요. 하지만 다이아몬드보다 더 단단한 것이 있어요. 바로 삿갓조개의 이빨이에요. 삿갓조개가 자라면서 침철석이라는 매우 단단한 광물이 삿갓조개의 이빨에서 만들어지는데, 침철석은 경주용 자동차나 항공기의 재료로 사용될 정도로 매우 강하지요.

이 조개의 이빨이 세상에서 가장 단단하다고?

강력한 이빨의 삿갓조개는 바닷가 바위에 붙어 있는 조류를 갉아 먹고 산답니다.

▲ 삿갓조개

▲ 다이아몬드

1㎜ 크기의 삿갓조개 이빨을 확대한 그림

1 놀라운 세계 최고·최초

세상에서 가장 긴 케이블카는?

케이블카를 타면 힘들이지 않고 산꼭대기까지 올라갈 수 있어요. 발아래의 아찔한 풍경을 즐길 수도 있고요. 세상에서 가장 긴 케이블카인 남미의 **볼리비아 도심 케이블카**를 타면 더욱 아슬아슬하겠지요? 볼리비아 도심 케이블카의 길이는 무려 10킬로미터예요. 이 케이블카를 타면 발아래에 펼쳐지는 멋진 산과 도시 풍경을 구경할 수 있지요.

중국의 천문산에도 7.45킬로미터 길이의 긴 케이블카가 있어요. 천문산 케이블카를 타면 구름 아래로 보이는 통천대도(산등성이를 따라 구불구불 뻗은 길)의 멋진 모습을 감상할 수 있지요.

1 놀라운 세계 최고·최초

지구에서 가장 높은 곳에 있는 천문대는?

밤하늘에 반짝이는 별을 자세히 보고 싶을 땐 천문대(우주와 천체를 관측하고 연구하는 곳)로 가면 좋아요. 지구에서 가장 높은 곳에 있는 천문대는 높이가 4,000미터가 넘는 하와이 마우나케아 산 꼭대기에 있어요. 마우나케아 천문대는 여러 나라의 천문 망원경이 모여 있는 대규모의 천문 단지랍니다.

▲ 마우나케아 천문대

난 가루 모양이야.

나는 담요, 얘는 돌 모양.

나는 판 모양이야.

에어로젤은 높은 열과 습기에 무척 강해요. 1,000도 이상의 높은 온도에서도 타지 않고 에어로젤을 섞은 물에 손을 넣어도 젖지 않지요. 또 가루 모양부터 판 모양까지 다양하게 만들 수 있어요. 과학자들은 에어로젤을 '꿈의 단열재(보온이나 열을 차단할 목적으로 쓰는 재료)'라고 부르며 우주선이나 우주복에 사용하기 위해 연구 중이랍니다.

내 몸무게의 2,000배가 넘는 무게도 지탱할 수 있어!

지구에서 가장 가벼운 고체는?

▲에어로젤

종이, 유리, 나무토막처럼 일정한 모양과 부피가 있고 모양이 쉽게 바뀌지 않는 물질을 고체라고 해요. 지구에서 가장 가벼운 고체는 에어로젤이에요. 에어로젤은 같은 부피의 공기보다 3배밖에 무겁지 않아요. 정말 가볍지요? 이렇게 가벼운 이유는 에어로젤 속에 공기가 98퍼센트나 들어 있기 때문이에요. 에어로젤은 자연에 있던 물질이 아니라, 과학자가 1931년에 새롭게 만들어 낸 물질이지요.

2002년에 가장 가벼운 고체라고 기네스에 올랐어.

얼마 전부터 내 인기가 엄청 오르고 있지.

1 놀라운 세계 최고·최초

사람을 가장 많이 닮은 로봇은?

공상 과학 영화를 보면 사람보다 더 예쁘거나 잘생기고 똑똑한 로봇이 나와요. 이렇게 사람처럼 생기고 행동하는 로봇을 안드로이드 로봇이라고 해요.

현실에서도 이런 로봇을 만들 수 있을까요?

아쉽지만 지금의 과학 기술로는 영화처럼 사람과 똑같은 안드로이드를 만들 수 없어요. 하지만 사람의 모습과 닮은 로봇은 있지요. 휴머노이드 로봇이에요.

헉! 사람인 줄 알았는데? 로봇이라고?

휴머노이드 로봇은 머리, 두 팔, 두 다리 등의 겉모습이 사람과 닮았고 두 발로 걸을 수 있어요. 우리나라에서는 2004년 한국과학기술원 오준호 교수 팀이 최초로 두 발로 걷는 로봇, 휴보를 만들었지요. 휴보는 운전을 할 수 있고 계단을 오르내릴 수 있어요.

▲ 휴머노이드 로봇 **휴보**
사진 제공: 한국과학기술원 오준호 교수

1 놀라운 세계 최고·최초

땅이 바닷물에 가장 많이 잠긴 나라는?

남태평양에 있는 투발루는
아홉 개의 산호섬으로
이루어진 아름다운
나라였어요. 그런데 지금은
일곱 개의 섬만 남아 있어요. 섬 두 개가 완전히
바닷물에 잠겼거든요. 남아 있는 섬에서도 땅 위로
바닷물 거품이 올라오고 먹을 물에도 소금기가
많아지고 있어요. 나무는 죽어 가고 바닷물은 점점
높아지고 있지요. 2060년이 되면 투발루는 바다에 잠겨
흔적도 없이 사라질 거라고 해요.

투발루는 왜 바닷물에 잠기게 되었을까요?
환경 오염으로 지구가 더워지고 있기 때문이에요.
더운 날씨가 북극과 그린란드, 남극의 빙하를 녹여서
바닷물이 많아졌어요. 이러한 지구 온난화 때문에
투발루처럼 낮은 땅들이 바닷물에 잠기게 되었지요.

초기의 우주는 지금보다 훨씬 작고 뜨거웠어요.
이것이 점점 더 커지고 식어서 지금의 우주가 되었어요.
이렇게 우주가 커다란 폭발로 만들어졌다는 이론을
빅뱅 이론이라고 해요. 빅뱅 이론은 우주의 탄생을
설명하는 이론들 중 하나예요.

우주의 역사를 알기 쉽게 달력으로 바꾸어 보면
1월 1일 1초가 우주가 처음 생겨난 때예요.
1월 9일에 태양계가 만들어졌고, 지구는
1월 14일쯤 생겨났지요. 사람은 12월 31일 오후
1시 30분쯤 나타났어요. 우주의 긴 역사에 비해
사람은 무척 늦게 생겨났지요.

2 신비한 세계 최고 자연

지구에서 가장 큰 운석공은?

우주에는 크고 작은 돌덩어리들이 떠다니고 있어요. 이 돌덩어리들이 지구로 떨어지면 어떻게 될까요? 작은 것들은 지구에 도착하기 전에 부서지거나 타서 없어져요. 꼬리를 길게 늘어뜨리며 떨어지는 별똥별이 되는 거예요. 소행성이라 불리는 크기가 큰 돌덩어리들은 다 타지 않고 땅에 떨어져 큰 구덩이를 남겼어요. 이런 구덩이를 운석공이라고 해요.

이건 남극의 운석공 다음으로 큰 운석공이이야.

▶ 두 번째로 큰 치크술루브 운석공

지금까지 발견된 운석공 가운데 가장 큰 것은 남극의 얼음 땅 밑에 있어요. 남극의 운석공은 지름이 약 500킬로미터나 되지요. 이 운석공을 만든 소행성은 약 2억 5,000만 년 전 지구로 날아왔어요. 남극에 있는 운석공 다음으로 큰 운석공은 멕시코에 있는 치크술루브 운석공이에요. 지름이 약 300킬로미터인 이 운석공은 약 6,500만 년 전에 만들어졌어요. 그때의 충격으로 공룡이 멸종되었다고 생각하는 과학자들도 있어요.

2 신비한 세계 최고 자연

지구에서 일어난 가장 큰 화산 폭발은?

2000여 년 전, 화려했던 고대 도시 폼페이(현재의 이탈리아 남부)가 갑자기 사라졌어요. 900년 동안 잠잠했던 베수비오 화산이 갑자기 폭발한 거예요.
엄청난 양의 화산재가 터져 나와 3~6미터 두께로 쌓여 도시 전체를 완전히 뒤덮어 버렸지요.
1700여 년 동안 화산재에 묻혀 있던 폼페이는 18세기가 돼서야 발굴되기 시작했어요.
폼페이를 흔적도 없이 삼켜 버린 베수비오 화산 폭발은 지구에서 가장 큰 화산 폭발이었어요.
베수비오 화산은 지금도 증기를 뿜어 내고 있는 활화산이에요. 언제 폭발할지 몰라서 지구에서 가장 위험한 화산 중 하나로 꼽히지요.

▶ 폼페이를 사라지게 한 베수비오 화산 폭발

세계에서 가장 넓은 사막은?

일 년 내내 비가 한 방울도 오지 않는다면 어떻게 될까요? 땅이 바싹 말라서 나무도 풀도 사람도 살기 힘든 사막이 될 거예요.
사막은 일 년 내내 내리는 비의 양이 우유 컵으로 하나가 조금 넘을 정도예요. 그래서 사막의 땅은 온통 메마른 바위와 모래투성이지요.
사막은 전 세계에 퍼져 있어요. 그중 가장 넓은 사막은 아프리카에 있는 사하라 사막이에요. 사하라 사막은 아프리카의 4분의 1을 차지하고 있지요.

▼사하라 사막

어떤 사람들은 세상에서 가장 넓은 사막을
남극이라고 해요. 모래도 없고 날씨도 추운
남극이 어떻게 사막이냐고요?
남극에는 비가 거의 오지 않거든요.
비가 거의 오지 않는 땅이 사막이니까
남극은 꽁꽁 얼어붙은 사막이라고
할 수 있어요.

2 신비한 세계 최고 자연

지구에서 가장 추운 곳은?

일 년 내내 꽁꽁 얼어붙은 얼음 땅, 남극은 지구에서 가장 추운 곳이에요. 평균 기온이 영하 55도로 매우 낮지요. 남극의 러시아 연구기지에서 잰 기온이 영하 89.6도를 기록한 적도 있었어요.

사람은 이렇게 혹독한 추위를 견딜 수 없어요. 그래서 남극의 연구기지에 있는 연구원들은 추위를 막아 주는 특수한 옷을 입지요.
사람과 달리 남극의 펭귄이나 바다표범, 고래 등은 남극의 추위를 잘 견딜 수 있어요.

▲ 남극의 황제펭귄 가족

2 신비한 세계 최고 자연

▲ 에베레스트 산

세계에서 가장 높은 산은?

세계에서 가장 높은 산은 히말라야 산맥에 있는 에베레스트 산이에요. 히말라야 산맥은 네팔, 인도, 중국에 걸쳐 있는 아주 크고 높은 산맥으로 세계에서 가장 높은 산들이 모여 있어요. 그중 가장 높은 에베레스트 산은 8,848미터의 높이를 자랑하지요. 네팔 사람들은 에베레스트 산을 '초모룽마(세상의 여신)'라고 불러요.

에베레스트 산처럼 높은 산을 오르기는 무척 힘들어요. 산꼭대기는 매우 추워서 일 년 내내 꽁꽁 얼어 있는데다가 산소가 부족해서 숨을 쉬기도 어렵거든요. 에베레스트 산의 꼭대기를 맨 처음 오른 사람은 뉴질랜드의 산악인 에드먼드 힐러리와 그를 도와준 네팔인 텐징 노르가이였어요.

세계에서 가장 깊은 바다는?

얕은 바다를 들여다보면 바다 밑 땅과 조개, 산호까지 다 보여요. 햇빛이 바닷속까지 밝게 비춰 주기 때문이에요. 하지만 아주 깊은 바닷속은 햇빛이 들어가지 못해서 아주 깜깜하지요. 세계에서 가장 깊은 바다는 태평양에 있는 마리아나 해구(바다가 뭍의 후미진 곳으로 들어간 어귀)예요. 마리아나 해구는 평균 깊이가 7,000미터에서 8,000미터나 돼요. 지구에서 가장 높은 에베레스트 산의 높이와 비슷하지요. 이렇게 깊은 마리아나 해구에서도 가장 깊은 비티아스 해연(해구 가운데 깊이 들어간 부분)은 깊이가 11,034미터나 돼요. 너무 깊어서 지금까지 아무도 들어가 보지 못했답니다.

2 신비한 세계 최고 자연

세계에서 가장 넓은 바다는?

지구에는 5개의 큰 바다와 6개의 커다란 대륙이 있어요.
바다는 태평양, 대서양, 인도양, 남극해, 북극해,
대륙은 아시아, 아프리카, 유럽, 오세아니아,
남아메리카, 북아메리카예요.
5개의 큰 바다 중에서 가장 넓은 바다는 무엇일까요?
바로 태평양이랍니다. 태평양은 아시아와
아메리카 대륙 사이에 있는 바다예요.
인도양과 대서양을 합친 것보다 더 크지요.

6개의 큰 대륙 중에서 가장 넓은 대륙은 우리나라가
속해 있는 아시아 대륙이에요. 아시아 대륙은
세계 육지 넓이의 3분의 1을 차지할 만큼 넓어요.
하지만 태평양 넓이에 비하면
작은 편이지요.

태평양 한가운데에서 먹잇감 발견!

세계에서 가장 긴 폭포는?

세계에서 가장 긴 폭포는 베네수엘라에 있는 앙헬 폭포예요. 앙헬 폭포의 높이는 979미터나 되지요. 앙헬 폭포의 아래쪽에는 자주 안개가 끼어요. 이 폭포의 높이가 워낙 높아서 폭포수의 양이 적을 때는 물이 땅에 닿기도 전에 공중으로 날아가면서 안개가 되기 때문이에요.

쏴아아! 쏟아지는 웅장한 물소리가 20킬로미터 밖에서도 들리는 어마어마하게 큰 폭포도 있어요. 브라질과 아르헨티나의 국경에 있는 이구아수 폭포예요. 이구아수 폭포는 세계에서 가장 폭이 넓고, 가장 많은 물을 쏟아 내는 폭포랍니다.

▲ 가장 폭이 넓은 **이구아수 폭포**

세계에서 가장 큰 섬은?

섬은 바다에 있는 땅이니까 별로 크지 않을 것 같지요? 세상에는 큰 섬이 아주 많아요. 그중 가장 큰 섬은 북아메리카 북동쪽에 위치한 그린란드예요. 그린란드는 '초록 섬'이라는 뜻이에요. 바이킹 에리크가 이 섬을 처음 발견했을 때는 푸른 초원이었대요. 그 뒤 기온이 점점 낮아져서 지금은 얼음으로 뒤덮인 곳이 되었답니다.

지구본을 보면 그린란드보다 더 큰 섬처럼 보이는 곳이 있어요. 지구의 남쪽에 있는 오스트레일리아예요. 하지만 오스트레일리아는 섬이 아니에요. 너무 커서 아시아, 아메리카처럼 대륙이라고 부른답니다.

어? 무슨 섬이 저렇게 커? 대륙처럼 보이는데?

2 신비한 세계 최고 자연

이게 뭐지?

종유석
천장에 고드름처럼 달려 있는 석회석

세계에서 가장 큰 석회암 동굴은?

동굴의 종류에는 화산에서 흘러내린 용암이 굳어져 만들어진 용암 동굴, 파도가 바위를 깎아 내어 만든 해식 동굴, 석회암으로 이루어진 땅에 물이 스며들어서 생긴 석회암 동굴이 있어요. 그중 규모가 크고 많은 것이 석회암 동굴이지요.
석회암 동굴 가운데 가장 큰 것은 매머드 동굴이에요.

▲매머드 동굴

미국에 있는 매머드 동굴은 길이가 579킬로미터, 가장 높은 곳의 높이가 80미터나 돼요. 동굴 안에 25층짜리 아파트가 충분히 들어갈 정도예요.

세계에서 가장 땅속으로 깊은 동굴은 조지아에 있는 크루베라 동굴이에요. 깊이가 2,197미터나 되지요. 이 동굴은 가장 위험한 지하 동굴이라 불린답니다.

석주
종유석과 석순이 연결되어 생긴 기둥

석순
천장에서 떨어진 석회질 물질이 쌓인 돌출물

바닥에서 뿔처럼 자랐네?

2 신비한 세계 최고 자연

세계에서 가장 큰 강은?

남아메리카에 있는 아마존 강은 세계에서 가장 큰 강이에요. 705만 제곱킬로미터 면적의 아마존 강에는 희귀한 분홍돌고래와 무시무시한 이빨을 가진 피라냐, 엄청나게 큰 전기뱀장어 등 약 2,000여 종의 다양한 물고기가 살고 있지요.

아마존 강 주변은 따뜻한 열대의 숲이에요. 키가 크고 울창한 나무들이 산소를 많이 만들어 내기 때문에 아마존 열대 우림은 '지구의 허파'라고 불려요.

2 지구의 가장 안쪽에 있는 것은?

신비한 세계 최고 자연

땅을 계속 파고 들어가면 지구 안에 무엇이 있는지 알 수 있을까요? 사람이 아무리 깊이 파도 지구의 껍질인 지각밖에는 팔 수 없어요. 지각 아래에 맨틀이 있고 그 아래에는 핵이 있어요. 이렇게 지구는 지각, 맨틀, 핵 세 부분으로 이루어져 있지요.

지구가 복숭아라고 하면 지각은 복숭아 껍질, 맨틀은 복숭아의 살, 핵은 복숭아의 씨와 비슷해요. 지각은 우리가 살고 있는 대륙 지각과 바다 밑의 해양 지각으로 나뉘어요.
맨틀은 지각보다 무거운 고체로 이루어져 있어요. 복숭아에서 살 부분이 가장 많은 것처럼 지구도 맨틀이 가장 많은 부분을 차지해요.
지구 가장 안쪽에 있는 핵은 외핵과 내핵으로 되어 있어요. 외핵은 액체 상태예요. 온도가 높아서 철이나 니켈 등의 물질들이 물처럼 녹아 있지요. 내핵은 단단한 고체 상태로 온도가 매우 높아요. 거의 태양 표면의 온도와 비슷한 정도랍니다.

지구의 속은 어떻게 생겼을까?

외핵
- 지하 2,900 km ~ 5,100 km
- 액체 상태

내핵
- 지하 5,100 km ~ 지구 중심
- 고체 상태

맨틀
- 지각 아래 ~ 지하 2,900 km
- 고체 상태

지각
- 평균 두께 35 km
- 단단한 암석층

지구에서 가장 가까운 별은?

지구에서 가장 잘 보이는 별은 무엇일까요?
제일 크게 보이는 달일까요, 가장 반짝이는 금성일까요?
둘 다 아니에요. 지구에서 가장 잘 보이는 별은
가장 가까운 태양이에요.
별은 스스로 빛을 낼 수 있는 항성을 뜻해요.
태양은 스스로 빛을 내는 항성이지요. 하지만 금성과 달은
태양빛을 반사해 빛나 보이는 것이지 스스로 빛을 내는
별이 아니에요.
우주에는 태양처럼 스스로 빛을 내는 별들이 아주 많아요.
지구와 태양이 속해 있는 우리은하만 해도
약 1,000억 개의 별이 있어요. 우주에는
우리은하와 같은 은하가 수없이 많이 있으니까
그 안에 별들도 수없이 많겠지요!

▲ 위에서 본 우리은하 ©NASA

▼ 태양 ⓒNASA

태양 Sun

반지름 약 695,000㎞
질　량 약 2×10^{33}g
특　징 지구에서 가장 가까운 항성으로 고온의 기체 덩어리이다.

지구에서 가장 가까운 행성은?

지구는 태양의 주위를 빙빙 돌고 있는 행성이에요. 태양 주위를 돌고 있는 태양계의 행성은 지구 외에도 많아요. 수성, 금성, 화성, 목성, 토성, 천왕성, 해왕성이 있지요. 그중 지구에서 가장 가까운 행성은 금성이에요. 금성은 지구와 크기가 비슷하고, 지구에서 볼 때 태양과 달 다음으로 밝게 보여요. 그래서 우리 조상들은 금성을 '새벽의 별, 새로 난 별'이란 뜻의 샛별이라고 불렀어요.

금성은 지구와 가깝지만 지구와 아주 달라요. 금성에는 물이 없고 매우 뜨겁고 건조하지요. 그래서 금성에는 생명체가 살지 않는답니다.

▲금성 ⓒNASA/JPL

금성 Venus

반지름 약 6,050km **질 량** 약 4.82×10^{24}kg
특 징 지구와 크기가 비슷하며 태양계에서 가장 밝은 행성이다.

3 지구에 가장 많이 사는 동물은?

신기한 세계 최고 동·식물

몹시 추운 북극부터 몹시 더운 사막까지, 지구의 어느 곳에 가도 볼 수 있는 동물이 있어요. 바로 곤충이에요. 곤충은 어떤 환경에도 잘 적응하는 강한 생명력 덕분에 지구에서 가장 많은 동물이 될 수 있었어요. 과학자들이 지금까지 알아낸 곤충의 종류는 약 80만 종이에요. 아직 밝혀지지 않은 곤충의 종류가 얼마나 많을지는 아무도 모르지요.

곤충은 셀 수 없을 정도로 많아~.

나비, 무당벌레, 꿀벌, 말벌, 메뚜기, 애벌레, 타란툴라

지구에 살고 있는 곤충은 모두
몇 마리일까요? 과학자들은
지구에 사는 곤충이 약 100만 조 마리일 거라고
생각해요. 100만 조는 우리가 상상할 수 없는
큰 수예요. 그런데 이 수도 정확한 건 아니에요.
곤충은 그 수가 너무나 많아서
다 세어 볼 수 없거든요.

개미

곤충은 어떤 환경에서도 잘 살아남아.

잠자리

사마귀

장수풍뎅이

풍뎅이

3 세상에서 가장 큰 동물은?

바다에 사는 흰긴수염고래가 가장 가장 커요. 흰긴수염고래의 몸무게는 100~200톤이나 나가지요. 최고 33미터까지 자라 15층 건물의 높이와 길이가 비슷해요. 이렇게 거대한 흰긴수염고래가 숨을 내쉴 때 뿜는 물기둥은 10미터나 뻗어 올라가고, 숨소리는 천둥소리처럼 크지요. 덩치가 큰 흰긴수염고래는 먹이도 아주 많이 먹어요. 크릴새우와 물고기를 하루에 3~4톤이나 먹는다고 해요.

▲육지 동물 중 가장 큰 **코끼리**

육지에 사는 동물 중에서 가장 큰 동물은 코끼리예요. 다 자란 어른 코끼리는 3~7톤이나 되지요.

으아아악! 건물보다도 더 큰 고래다!

▼물 밖으로 점프하는 **흰긴수염고래**

육지에서 가장 빨리 달리는 동물은?

동물 중에서 가장 빨리 달리는 동물은 치타예요. 치타가 100미터 달리기를 한다면 3초밖에 걸리지 않지요. 이 속도라면 치타는 한 시간에 112킬로미터나 달릴 수 있어요. 마치 자동차 같지요?

하지만 실제로 치타와 자동차가 한 시간 동안 달리기 시합을 하면 자동차가 이겨요. 치타는 아주 빠르지만 금세 지치거든요. 치타가 전속력으로 달릴 수 있는 시간은 20~30초 정도랍니다.
바다에서 가장 빨리 헤엄치는 물고기는 돛새치예요. 돛새치가 헤엄치는 속도는 치타가 전속력으로 달리는 것과 비슷하지요.

▲바다에서 가장 빠른 **돛새치**

▼아프리카, 인도 등에 사는 **치타**

3 세상에서 가장 큰 바퀴벌레는?

신기한 세계 최고 동·식물

우리는 아주 작은 바퀴벌레만 봐도 저절로 몸이 움찔거려요. 그런데 어른 손바닥만큼 큰 바퀴벌레가 날아온다면 얼마나 놀랄까요? 다행히 우리나라에는 이렇게 큰 바퀴벌레가 살고 있지 않아요. 세상에서 가장 큰 바퀴벌레는 아프리카와 남아메리카에 살고 있어요.
아프리카의 마다가스카르 섬에 사는 마다가스카르휘파람바퀴벌레는 아주 특이한 소리를 내요. 배의 양옆에 있는 숨구멍으로 바람을 밀어내어 '쉬리릭' 소리를 낸답니다. 꼭 휘파람 소리 같아서 어떤 사람들은 마다가스카르휘파람바퀴를 애완용으로 집에서 키우기도 해요.

허거걱! 엄청 큰 바퀴벌레다!

▲ 마다가스카르휘파람바퀴벌레

남아메리카에 사는 블라베루스바퀴벌레는
동굴이나 바위틈에 살아요.
마다가스카르휘파람바퀴벌레와
블라베루스바퀴벌레의 크기는 8~10센티미터로,
둘 다 세상에서 가장 큰 바퀴벌레랍니다.

전 세계에는 약 4,000여 종의 바퀴벌레가 있어요.
그중 우리나라에는 8종류가 살고 있지요.

3 세상에서 가장 큰 거미는?

세상에서 가장 큰 거미는 털이 복슬복슬한 타란툴라예요.
타란툴라는 보통 우리 주먹만 하지만, 큰 것은 다리를 쫙 펴면 몸길이가 30센티미터가 넘는 것도 있어요.

▲독이 있는 타란툴라

이렇게 큰 거미가 거미줄을 치면 먹잇감도 잘 잡히겠지요? 하지만 타란툴라는 다른 거미들과 달리 거미줄을 치지 않아요.
나무 위에서 먹잇감이 지나가기를 기다리지요.
작은 쥐나 새가 지나가면 순식간에 뛰어내려 독 이빨로 먹잇감을 꼼짝 못하게 마비시켜요.
하지만 사람에게는 위험하지 않아서 타란툴라를 애완용으로 기르는 사람도 많답니다.

세상에서 가장 높이 뛰는 곤충은?

사람이 풀쩍 높이 뛰어오르면 63빌딩만큼 올라갈 수 있을까요? 높이뛰기 선수도 그렇게 높이 뛸 수는 없어요. 하지만 거품벌레는 가능해요. 거품벌레는 점프 실력이 대단하거든요. 6밀리미터의 작은 몸으로 70센티미터까지 뛰어오를 수 있어요.

거품벌레가 높이 뛸 수 있는 비결은, 뒷다리 한 쌍을 움직이게 하는 튼튼한 근육에 있어요. 거품벌레는 이 근육에 모인 힘을 순식간에 뿜어 내어 매우 높이 솟아올라요. 이때 자기 몸무게의 400배나 되는 힘을 낼 수 있지요.

거품벌레가 높이 뛰는 이유는 자신을 잡아먹으려는 천적을 피하기 위해서랍니다.

▼ 높이 점프하는 **거품벌레**

나는야, 곤충 최고의 높이뛰기 선수야!

벼룩도 높이뛰기를 잘해요. 몸길이가 3㎜ 정도인 벼룩은 자기 몸무게의 137배나 되는 힘을 내어 33㎝까지 뛰어오를 수 있어요.

세상에서 가장 큰 꽃은?

　우리가 주변에서 흔히 보는 꽃 중 가장 큰 꽃은 해바라기예요. 해바라기는 꽃의 지름이 6~8센티미터이고 키가 약 2미터까지 자라요. 하지만 세계에서 가장 큰 라플레시아에 비하면 해바라기는 작고 귀여운 꽃이지요. 라플레시아는 지름이 1미터가 넘고, 무게는 11킬로그램이나 나가요. 그런데 라플레시아에는 양분을 빨아들일 뿌리도, 광합성을 하는 잎도, 물과 양분을 운반하는 줄기도 없어요.

오잉~? 꽃의 지름이 내 키만큼 크다고?

다른 식물의 뿌리나 줄기에서
영양분을 얻는 기생 식물이기 때문이에요.
열대 우림에 라플레시아가 피면 멀리서도
그 냄새를 맡을 수 있어요. 생선 썩는 냄새
비슷한 고약한 냄새가 나거든요.
이 냄새를 맡은 파리들이 라플레시아에
많이 몰려든답니다.

▼고약한 냄새가 나는
　라플레시아

3 세상에서 가장 작은 원숭이는?

신기한 세계 최고 동·식물

세상에서 가장 작은 원숭이는 안경원숭이예요.
안경원숭이는 아시아의 열대 우림에 살아요.

▼작고 귀여운 **안경원숭이**

히히~.
사람 손보다 작으니까
정말 귀엽지?

안경원숭이는 몸길이가 10~15센티미터밖에 안 되고 몸무게도 50~60그램밖에 안 나가는 작은 원숭이예요. 사람 손바닥보다 작은 몸에 큰 눈과 짧은 다리, 조그만 발이 아주 귀여워요. 안경원숭이의 부리부리한 큰 눈은 마치 안경을 쓴 것처럼 보여요. 밤에 활동하는 야행성 동물로, 밤에 돌아다니면서 곤충을 사냥해 먹지요. 낮에는 가늘고 긴 나뭇가지에 매달려 잠을 자요.

▲나무에 매달린 **안경원숭이**

3 세상에서 가장 키가 큰 나무는?

신기한 세계 최고 동·식물

아메리카삼나무는 나무들 중에서 가장 잘 자라요. 미국 레드우드 국립 공원에는 높이가 115미터나 되는 가장 키가 큰 아메리카삼나무가 있어요. 하이페리온이라는 이름의 이 나무는 아직도 쑥쑥 크는 중이에요.

▲아메리카삼나무
하이페리온

키도 크고 둘레도 크고 무게도 무거운
세상에서 가장 거대한 나무는 미국 세쿼이아
국립 공원에 있는 아메리카삼나무예요.
제너럴 셔먼이라는 이름의 이 나무는 높이가
약 84미터, 둘레가 약 31미터, 뿌리를 포함한 무게는
약 2천 톤이나 되지요. 이렇게 큰 나무들 앞에
서 있으면, 우리는 생쥐만큼 작아 보일 거예요.

◀ 나무에 매달려 자는
나무늘보

세상에서 가장 잠을 많이 자는 동물은?

세상에서 가장 잠을 많이 자는 동물 나무늘보는
하루에 20시간 가까이 잠을 자요. 비가 와도 꼼짝 않고
잠만 자는 바람에 몸에 초록색 이끼가 낄 정도랍니다.
오스트레일리아에 사는 코알라도 잠을 많이 자는
게으름뱅이예요. 코알라는 물도 먹지 않고
오직 유칼리나무의 잎만 먹고 살아요.
유칼리나무의 잎에는 잠을 오게 만드는 독 성분이
있답니다. 그래서 코알라는 잠을 많이 자는 거예요.

고슴도치도 엄청난 잠꾸러기예요.
하루에 16시간 가까이 잠을 자지요.
서유럽고슴도치의 경우 먹이를 쫓아다니다가도
갑자기 몸을 동그랗게 말고 곯아떨어진답니다.

◀몸을 웅크리고 자는
고슴도치

아~, 졸려!
유칼리나무의 잎을
너무 많이 먹었나?

▶오스트레일리아에 사는
코알라

3 신기한 세계 최고 동·식물

세상에서 가장 임신 기간이 긴 동물은?

포유류의 아기는 엄마 배 속에서 충분히 자란 뒤에 태어나요. 주머니쥐는 12일, 토끼는 한 달, 강아지는 두 달 동안 엄마 배 속에서 자라지요.
사람의 아기는 아홉 달 동안 엄마 배 속에서 자라요. 무척 길지요? 하지만 코끼리에 비하면 짧은 편이에요.

▼아프리카코끼리

코끼리는 동물 중에서 가장 임신 기간이 길어요. 아시아코끼리의 임신 기간은 610일, 아프리카코끼리는 그보다 조금 더 긴 650일 정도예요. 어미 코끼리의 배 속에서 충분히 자란 새끼 코끼리는 키가 약 1미터, 몸무게는 약 100킬로그램으로 크게 태어나지요. 새끼 코끼리는 태어나자마자 씩씩하게 걸을 수 있어요. 코끼리는 4년에 한 번씩 새끼를 낳을 수 있답니다.

3 신기한 세계 최고 동식물

세상에서 가장 큰 새는?

세상에서 가장 큰 새는 타조예요. 타조는 몸이 너무 크고 무거워서 날지 못해요. 몸길이는 약 2.4미터이고 몸무게는 약 155킬로그램이나 나가지요. 날지 못하는 대신 타조는 매우 빨리 달릴 수 있어요.

세상에서 가장 큰 새답게 타조는 알도 매우 커요. 새의 알 중에서 가장 크고 무거워요. 타조 알 하나의 무게는 달걀 25개의 무게보다도 더 무겁지요.

◀ 달걀과 타조 알의 크기 비교

날 수 있는 새 중 가장 큰 새는 앨버트로스예요. 앨버트로스가 날개를 펼치면 3~4미터나 돼요.

▲하늘을 나는 새 중 가장 큰 **앨버트로스**

너도 새라고?

▶다리가 길고 튼튼한 **타조**

날지는 못해도 날개가 있으니까, 나도 새야!

3 신기한 세계 최고 동식물

세상에서 가장 혀가 긴 동물은? 쭈욱

내 혀는 끈적끈적해서 흰개미가 살짝만 닿아도 찰싹 달라붙지.

세상에서 가장 혀가 긴 동물은 **대왕개미핥기**랍니다. 대왕개미핥기는 1미터나 되는 긴 혀를 절반 넘게 내밀어 개미들을 핥아 먹어요. 대왕개미핥기가 좋아하는 먹이는 흰개미예요. 흰개미는 집을 아주 높게 지어요.

◀ 긴 혀를 내밀고 있는 **대왕개미핥기**

대왕개미핥기는 튼튼한 발톱으로 흰개미의 집을 와르르 무너뜨린 다음, 긴 혀로 흰개미를 핥아 먹지요.

카멜레온도 혀가 길어요. 긴 혀를 날름 내밀어 파리 같은 곤충을 잡아먹어요. 몸길이보다 혀의 길이가 훨씬 더 길지요.

풀을 뜯어 먹는 동물들도 혀가 길어요. 기린의 혀는 45센티미터, 오카피의 혀는 35센티미터나 돼요. 기린과 오카피는 긴 혀를 자유롭게 움직여 나뭇잎을 뜯어 먹는답니다.

▲몸길이가 2m나 되는 **대왕개미핥기**

▲풀을 뜯어 먹고 있는 **오카피**

세상에서 가장 오래 사는 동물은?

옛날 옛적, 백 년도 더 된 옛날이야기가 궁금하면 거북에게 물어보세요. 거북은 동물 중에서 가장 오래 사는 동물이거든요. 거북 중에서도 덩치가 엄청 거대한 코끼리거북은 180~200년까지 살아요. 갈라파고스땅거북도 보통 200년 가까이 사는데 무려 250년이나 산 갈라파고스 땅거북도 있어요.

▼갈라파고스땅거북

바다에 사는 동물 중에는 철갑상어가 가장 오래 살아요. 100년까지 살 수 있어요. 새 중에는 금강앵무가 가장 오래 살아요. 65년까지 살 수 있지요. 보통 40~50년을 사는 두루미 중에는 무려 86년을 산 두루미도 있어요.

◀ 바다 동물 중 가장 오래 사는 **철갑상어**

3 신기한 세계 최고 동·식물

▼거대한 공룡 아르젠티노사우루스

세상에서 가장 작은 공룡은?

공룡은 모두 어마어마하게 클 것 같다고요? 어떤 공룡은 작은 강아지만 했답니다. 지금까지 발견된 가장 작은 공룡은 미크로랍토르예요. 미크로랍토르는 몸길이가 30~80센티미터이고, 몸무게가 1킬로그램밖에 안 되었어요.

미크로랍토르는 몸집은 작아도 사나운 육식 공룡이에요.

몸집이 큰 공룡으로는 아르젠티노사우루스, 암피코엘리아스, 세이스모사우루스 등이 있어요. 이 공룡들은 몸길이가 10층 건물보다 길고 몸무게는 100톤에 가까웠지요. 덩치가 큰 공룡들은 주로 온순한 초식 공룡이에요.

난 몸길이가 30~40미터나 되는 아르젠티노사우루스야. 엄청 크지?

헤헷! 나처럼 작은 공룡도 있다고! 귀엽지?

▲ 미크로랍토르

3 세상에서 가장 큰 나비는?

알렉산드라여왕새날개나비가 날개를 쫙 펼치면
하늘에 둥둥 떠다니는 연 같아요. 멋진 새 같기도 하지요.
알렉산드라여왕새날개나비가 너무 커서 그런 거예요.
이 나비가 날개를 쫙 펼치면 그 길이가
약 25센티미터나 돼요. 우리 두 손바닥을
쫙 펼친 것보다 더 크지요.

쟤 봐! 우리보다 몇 배는 더 커!

▼ 알렉산드라여왕새날개나비

새야?
나비야?

하하~!
새처럼 크지만
난 나비야.
부럽지?

나방 중에서는 아틀라스산누에나방이 가장 커요. 날개를 쫙 펼친 아틀라스산누에나방은 알렉산드라여왕새날개나비만 하답니다.

▲ 나방 중에 가장 큰 **아틀라스산누에나방**

3 신기한 세계 최고 동·식물

내 다리가 모두 몇 개인지 세어 보라고!

▲ 일라크메플레니페스 암컷

세상에서 가장 다리가 많은 동물은?

사람의 다리는 2개, 강아지는 4개, 파리 같은 곤충은 6개, 거미는 8개예요. 이보다 다리가 많은 동물은 누구일까요? 지네가 있어요. 지네는 마디 하나에 다리가 2개씩 있어요. 몸통에 마디가 많을수록 다리가 많아서 적게는 30개 정도이고, 많은 경우는 354개나 되지요.
지네보다 다리가 많은 동물이 또 있어요. 세상에서 가장 다리가 많은 동물 노래기지요.

노래기는 마디가 60개 이상이에요. 마디마다 다리가 4개씩, 모두 240개 이상의 다리가 달려 있지요. 노래기는 수많은 다리로 스르륵 스르륵 동굴이나 흙 속을 기어 다녀요. 흙을 기름지게 하는 좋은 벌레지만, 고약한 냄새가 나서 사람들이 싫어한답니다. 노래기 중에서도 가장 다리가 많은 것은 일라크메플레니페스 암컷이에요. 다리가 무려 750개나 되지요.

▲고약한 냄새가 나는 **노래기**

헥헥! 몇 개까지 셌더라? 아, 까먹었어!

사람에게 가장 피해를 많이 준 곤충은?

윙윙 날아다니는 꿀벌에 쏘일까 봐 무섭다고요? 꿀벌은 너무 바빠서 우리가 방해만 하지 않으면 우리에게 관심을 주지 않아요. 꿀벌보다는 파리가 더 위험한 곤충이에요. 파리는 여러 가지 병을 옮기거든요.

▼침 속에 독이 있는 모기

꿀벌이나 파리보다 더 위험한 곤충이 있어요. 바로 모기예요. 모기는 지금까지 사람을 가장 많이 죽게 한 곤충이지요. 뇌염, 말라리아, 황열병 등 심각한 병을 옮겨요. 그중 말라리아는 아주 끔찍한 병이에요. 지금도 해마다 200만 명의 사람들이 말라리아로 목숨을 잃고 있어요.

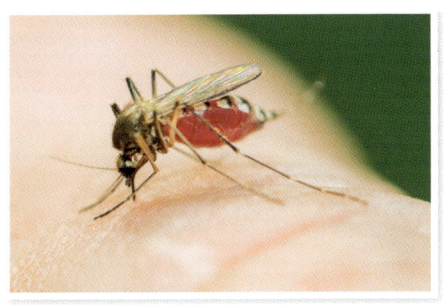

▲사람의 피를 먹고 있는 모기

으앙~! 물리고 싶지 않다고!

3 신기한 세계 최고 동·식물

▼그물무늬비단뱀

세상에서 가장 긴 뱀은?

세상에서 가장 긴 뱀 그물무늬비단뱀을 만나면 일단 피하세요. 그물무늬비단뱀 중에는 몸길이가 10미터나 되는 아주 무시무시한 것도 있어요. 게다가 성질이 고약해 조금만 마음에 안 들어도 공격부터 하고 보지요.

그물무늬비단뱀보다 길이는 조금 짧지만 몸무게가 가장 많이 나가는 뱀은 아나콘다예요. 아나콘다는 그물무늬비단뱀처럼 성질이 고약하지는 않아요. 먼저 공격하지 않는다면 사람에게 덤벼들지 않지요.

"이렇게 긴 몸으로 감아 힘껏 조이면 꼼짝 못 할걸?"

그물무늬비단뱀과 아나콘다는 둘 다 독이 없어요. 하지만 독보다 무서운 조이기 기술을 가지고 있답니다. 그물무늬비단뱀과 아나콘다가 기다란 몸통으로 먹이를 둘둘 말고 조이면, 커다란 동물도 꼼짝하지 못한답니다.

◀가장 무거운 뱀
아나콘다

우리나라는 우리 한민족이 세운 나라로, 남한과 북한을 모두 이르는 말이에요.

4 궁금한 우리나라 최고·최초

우리나라 최초의 화약 무기는?

우리나라 최초의 화약 무기는 고려 시대 말에 최무선이라는 과학자가 발명했어요. 최무선은 중국에서 들여온 화전을 개량하여 우리나라 최초의 화약 무기 주화를 만들었지요.

주화는 달리는 불이란 뜻이야. 무섭지?

▶ 화약통을 단 주화

조선 시대 세종 임금 때는
주화를 발전시켜 신기전이라는
화약 무기를 만들었어요. 가장 큰 신기전은
1킬로미터도 넘게 멀리 날아갔어요.
신기전은 화차라는 무기에 꽂아 한 번에 100발까지
쏠 수 있었어요. 여러 발의 화살을 한꺼번에 쏘면
엄청난 폭발 소리와 함께
불을 뿜으며 날아갔지요.
그 모습을 본 적군은
겁에 질려 싸워 보지도
않고 항복했답니다.

▲주화를 발전시켜 만든
신기전 화차 제공: 전쟁기념관

4 우리나라 최초로 전깃불이 켜진 곳은?

궁금한 우리나라 최고·최초

1887년 3월 6일 밤, 경복궁의 건천궁에 최초로 전깃불이 켜졌어요. 백열전구의 환한 불빛을 보고 사람들은 깜짝 놀랐어요. 이전에 사용하던 등잔불과는 비교할 수 없을 만큼 밝았기 때문이에요. 이 전깃불은 우리나라의 고종 황제가 미국의 에디슨 전기 회사에 요청해 설치한 거예요. 미국 에디슨 전기 회사의 직원이 우리나라에 와 직접 발전기를 설치하고 전구 750개를 연결했지요.

▼ 고종 황제 때 지어진 건천궁

조선 시대에 전깃불이…?

최초의 전깃불은 건달불이라고 불렸어요.
발전기가 돌아가면서 덜덜덜 시끄러운 소리도 내고
고장도 자주 났기 때문이에요. 그리고
발전기를 유지하는 데 돈도 많이 들었지요.

4 우리나라 최초의 세계 지도는?

비행기나 기차가 없었던 옛날에도 지구의 여러 나라를 그린 세계 지도가 있었다니, 정말 신기하지요?
우리나라 최초의 세계 지도는 혼일강리역대국도지도예요. 조선 시대 초기에 만들어진 이 지도는 우리나라 최초의 세계 지도이자 현재 남아 있는 동양 최고의 세계 지도로 평가되고 있어요.
조선 시대에는 우리나라 최고의 전국 지도도 완성되었어요. 지리학자 김정호가 만든 대동여지도는 조선 시대 지도 가운데 가장 정밀하고 정확한 지도로서 오늘날의 지도와 큰 차이가 없다는 평가를 받고 있어요.

◀ 조선 시대 최고의 전국 지도
대동여지도 제공: 서울역사박물관

▼혼일강리역대국도지도

4 우리나라 최초의 크레인은?

크레인은 철근, 대리석 같은 무거운 물건을 번쩍 들어 올리는 기계예요.

▶ 무거운 물건을 들어 올리는 **거중기**

크레인은 높은 건물을 지을 때 꼭 필요하지요. 크레인이 없던 옛날에는 높은 성을 지을 때 가축과 사람의 힘 등으로 무거운 돌을 들어 올렸어요. 그러다 보니 공사를 하다 죽거나 다친 사람들도 많았어요. 하지만 조선 후기에 수원 화성을 지을 때는 그런 일이 없었답니다. 정약용이 우리나라 최초의 크레인 거중기를 만들어 수원 화성 공사에 사용했거든요. 거중기는 도르래의 원리를 이용하여 적은 힘으로 무거운 물체를 손쉽게 들어 올릴 수 있게 했지요. 한 번에 수천 킬로그램의 돌을 들어 올릴 수 있었어요. 정약용은 거중기 외에도 돌을 싣고 언덕길을 쉽게 오르내릴 수 있는 유형거와 무거운 것을 들어 올리는 녹로도 만들었어요.

▲ **거중기**와 **녹로** 제공: 남양주시 다산유적지

4 우리나라에서 가장 높은 산은?

궁금한 우리나라 최고·최초

우와~! 백두산 꼭대기에 호수가 있어!

우리나라는 전국 어디를 놀러 가도 산이 보여요.
우리 땅의 70퍼센트가 산이기 때문이에요.
남한과 북한을 통틀어 가장 높은 산은 백두산이에요.
백두산의 높이는 약 2,744미터예요. 우리 조상들은
백두산을 매우 신성하게 여겼어요. 백두산에서부터
지리산까지 뻗은 산줄기가 한반도의 등뼈를 이룬다고
생각했기 때문이에요.

남한에서 가장 높은 산은 제주도에 있는 한라산이에요.
한라산의 높이는 약 1,947미터예요.
백두산과 한라산은 둘 다 화산이에요. 한라산은 현재
화산 활동이 멈춰서 쉬고 있는 휴화산이고,
백두산은 현재 땅속의 마그마가 분출하고 있거나
분출할 것으로 예상되는 활화산이에요.

▲백두산 꼭대기에 있는 호수 천지

4 궁금한 우리나라 최고·최초

우리나라에서 가장 큰 섬은?

우리나라 최고의 관광지 제주도야!

우리나라 남쪽에 있는 제주도는
기후가 따뜻하고 자연 환경이 아름다운
우리나라 대표 관광지예요. 우리나라에서
가장 큰 섬이기도 하지요. 제주도는
화산 활동으로 생긴 화산섬이에요.
용암이 굳어서 생긴 용암 동굴,
큰 화산 옆에 생긴 작은 기생 화산(오름) 등
독특한 자연의 모습을 볼 수 있어요.

참 멋진 섬이군!

제주도에는 2,000여 종이 넘는 식물들이 살고 있어요. 제주도의 다양한 기후 특성 때문에 따뜻한 지역에 사는 식물부터 추운 지역에 사는 식물, 높은 지역에 사는 식물 등 여러 식물이 살 수 있답니다. 그래서 제주도를 다양한 식물의 보물 창고라고 부르지요.

▲제주도에 있는 용암 동굴 만장굴

제주도는 유네스코가 인정한 세계자연유산이야!

4 우리나라에서 가장 큰 강은?

▲ 압록강

우리나라에서 가장 큰 강은 북한에 있는 압록강이에요. 압록강은 백두산에서 시작하여 서해로 흘러가지요. 면적이 31,739제곱킬로미터이고 길이가 약 790킬로미터인 압록강은 우리나라에서 가장 크고 긴 강이에요.

와~! 길다 길어! 어디까지 흐르는 걸까?

두 번째로 큰 강은 남한에 있는 한강이에요.
한강의 면적은 25,954제곱킬로미터이고
길이는 약 494킬로미터이지요.
한강은 강원도 태백시 대덕산에서 시작하여
서울을 가로질러 서해로 흘러요.
저녁노을이 물드는 한강에 가 본 적 있나요?
한강의 밤 풍경은 매우 아름다워서
세계적으로도 유명해요.

강을 따라 한번 달려 볼까?

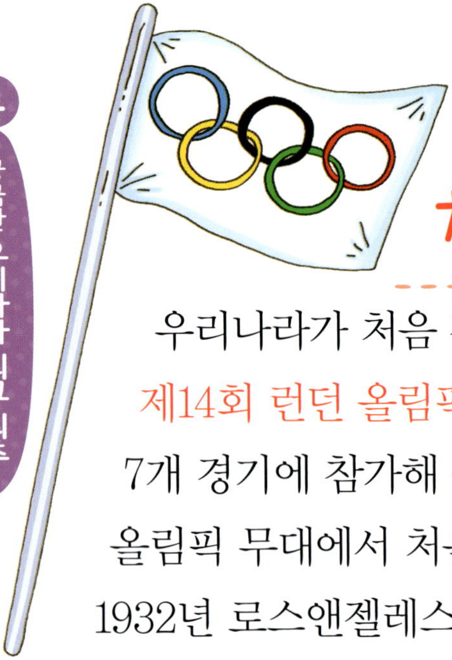

우리나라가 처음 참가한 올림픽은?

우리나라가 처음 참가한 올림픽은 1948년 제14회 런던 올림픽이에요. 67명의 선수단이 7개 경기에 참가해 동메달을 2개 땄지요. 태극기가 올림픽 무대에서 처음으로 휘날려 자랑스러웠어요. 1932년 로스앤젤레스 올림픽과 1936년 베를린 올림픽에도 우리의 선수가 출전했어요. 베를린 올림픽 마라톤 대회에서 손기정 선수와 남승용 선수가 각각 금메달과 동메달을 땄지요.

4년마다 열리는 올림픽은 세계인의 축제야.

제1회 올림픽은 1896년 그리스 아테네에서 열렸대.

하지만 당시 우리나라를 강제로 지배하고 있던 일본이 그 메달들을 일본의 것으로 기록했어요. 1988년에는 서울에서 올림픽이 열렸어요. 우리나라는 4위라는 좋은 성적을 얻었답니다.

4 우리나라 최초의 극장용 만화 영화는?

1956년 6월에 만들어진 텔레비전 광고가 우리나라 최초의 만화 영화예요. 시날코라는 음료의 광고를 만화 영화로 꾸민 것인데, 이 만화 영화 광고를 〈OB시날코〉라고 불렀어요.

움직이는 만화 영화를 어떻게 만들까?

▲신동헌 감독이 만든 〈홍길동〉

우리나라 최초의 극장용 만화 영화는 1967년에 만들어진 〈홍길동〉이에요. 이 만화 영화는 필름이 남아 있지 않아 지금은 볼 수 없지요.

세계 최초의 유성 만화 영화 (소리가 나오는 만화 영화)는 지금으로부터 약 90년 전에 만들어졌어요.

"여러 장의 그림을 카메라로 촬영해 만들지!"

미국의 만화 영화 제작사인 월트 디즈니사에서 최초의 유성 만화 영화 〈증기선 윌리〉를 만들었지요. 이 만화 영화에 월트 디즈니사의 유명 캐릭터 미키 마우스가 처음 등장해요.

▲ 최초의 유성 만화 영화 〈증기선 윌리〉

4 궁금한 우리나라 최고·최초

우리나라 최초의 자동차는?

자동차를 만들 수 있는 나라는 전 세계에 16나라뿐이에요. 그중 하나가 우리나라지요. 우리나라는 자동차 기술이 매우 뛰어나 세계에서 다섯 번째로 자동차를 많이 생산하고 있어요. 우리나라 최초의 자동차는 1955년, 자동차 정비를 하던 최무성 삼 형제가 만든 시발이에요. 시발은 시작이라는 뜻을 담고 있지요.

▼1955년에 탄생한 시발

시발은 시작이라는 뜻이야.

자동차의 주요 부품들은 외국에서 만든 부품이었고
우리 기술은 절반 정도 들어갔지만 사람들은
매우 자랑스러워했어요.
그 후 우리 기술로 당당히 만든 자동차가 탄생했어요.
바로 현대자동차에서 만든 포니예요.
포니는 1975년 처음 나온 뒤 오랫동안 사랑을 받았고
우리나라 자동차 산업 발전에 큰 역할을 했답니다.

우리나라 최초의 라면은?

세계에서 라면을 가장 많이 먹는 나라는 우리나라일 거예요. 꼬들꼬들 후루룩 라면은 냄새도 좋고 맛도 좋으니까요.
세계 최초의 라면은 이웃 나라 일본에서 만들어졌어요. 양념하여 튀긴 국수를 말렸다가 끓인 물을 부어 먹는 인스턴트(즉석에서 간단하게 조리하는 식품) 라면이었지요.

우리나라 최초의 라면은 1963년 삼양식품에서 만든 삼양라면이에요. 삼양라면은 닭고기 국물 맛이었고, 가격은 10원밖에 안 했어요. 가난해서 끼니를 거르는 사람들을 배불리 먹게 하려고 싼 가격에 팔았답니다.

▲ 삼양라면

꼬불꼬불 라면 면발을 쭉 펴면 40~50미터나 돼요!

4 궁금한 우리나라 최고·최초

발 양

우리나라 최초의 인공위성은?

밤하늘의 별 중 깜빡이지도 않고
천천히 움직이는 별을 본 적이 있나요?
바로 인공위성이에요. 인공위성은
사람이 인공적으로 만든
위성을 말하지요.
지구 주위에는 1,000개도
넘는 인공위성이
돌고 있어요.

▶ 우리별 1호

"과학 실험의 임무를 수행하러 출발한다~!"

세계 최초의 인공위성은 1957년 소련(지금의 러시아)에서 쏘아 올린 스푸트니크 1호예요. 우리나라는 1992년 처음으로 우리별 1호를 쏘아 올렸어요. 우리별 1호는 세계에서 25번째 인공위성이었지요. 그 뒤 우리나라는 우리별 2호, 무궁화 1호·2호, 아리랑 1호 등을 쏘아 올렸어요. 인공위성은 지구 관찰, 과학 실험, 전화 통신, 텔레비전 중계 등 저마다 중요한 일을 맡고 있어요.

어린이 과학백과 시리즈
초등 교과 연계표

책 명	학년-학기	교 과	단 원
인체백과	2-1	봄2	1. 알쏭달쏭 나
	6-2	과학	4. 우리 몸의 구조와 기능
곤충백과	2-1	여름2	2. 초록이의 여름 여행
	3-1	과학	3. 동물의 한살이
	5-1	과학	5. 다양한 생물과 우리 생활
로봇백과	3-1	국어	2. 문단의 짜임
	3-1	과학	2. 물질의 성질
동물백과	3-1	과학	3. 동물의 한살이
	3-2	과학	2. 동물의 생활
	5-1	과학	5. 다양한 생물과 우리 생활
호기심백과	2-1	봄2	1. 알쏭달쏭 나
	3-1	과학	5. 지구의 모습
	5-2	과학	3. 날씨와 우리 생활
바다해저백과	3-1	과학	5. 지구의 모습
	3-2	과학	2. 동물의 생활
공룡백과	3-2	과학	2. 동물의 생활
	4-1	과학	2. 지층과 화석
전통과학백과	1-2	겨울1	2. 여기는 우리나라
	3-1	과학	2. 물질의 성질
	3-2	사회	2. 시대마다 다른 삶의 모습
우주백과	3-1	과학	5. 지구의 모습
	5-1	과학	3. 태양계와 별
장수풍뎅이 사슴벌레백과	2-1	여름2	2. 초록이의 여름 여행
	3-1	과학	3. 동물의 한살이
파충류백과	3-1	과학	3. 동물의 한살이
	3-2	과학	2. 동물의 생활
	5-1	과학	5. 다양한 생물과 우리 생활
벌레잡이·희귀 식물백과	1-1	봄1	2. 도란도란 봄 동산
	4-1	과학	3. 식물의 한살이
	4-2	과학	1. 식물의 생활
세계 최고·최초백과	3-1	과학	5. 지구의 모습
	5-1	과학	3. 태양계와 별
	6-2	사회	1. 세계 여러 나라의 자연과 문화
발명백과	3-1	과학	2. 물질의 성질
	4-2	과학	3. 그림자와 거울
드론백과	3-1	과학	2. 물질의 성질
	5-2	과학	4. 물체의 운동
인공지능백과	4-1	과학	1. 과학자처럼 탐구해 볼까요?
	5	실과	6. 나의 진로
	6	실과	3. 생활과 소프트웨어 4. 발명과 로봇

곤충 세계의 최강자를 찾아라!

《최강왕 초위험 세계 곤충 최강왕 결정전》에서 작지만 놀라운 생존 기술을 지닌 강력한 곤충들을 만나 보세요.

Creature Story 편저

과학 학습 도감
최강왕 시리즈 현23권

엔트리 코딩, 나도 할 수 있을까?

《퀴즈! 과학상식-엔트리 코딩》을 통해 따라 하면 할수록 쉽고 재미있고 신기한 엔트리 코딩을 만나 보세요.

김윤수 지음, 도니패밀리 그림

재밌는 만화로 배우는
퀴즈! 과학상식 현 86권